curiosidad por

LOS TIBURONES PEREGRINOS

POR MONIKA DAVIES

AMICUS LEARNING

¿Qué te causa

curiosidad?

CAPÍTULO TRES

Curious About está publicado por
Amicus Learning, un sello de Amicus.
P.O. Box 227
Mankato, MN 56002
www.amicuspublishing.us

Editora: Ana Brauer
Diseñadora de la serie: Kathleen Petelinsek
Diseñadora del libro e investigadora fotográfica: Sara Hood

Library of Congress Cataloging-in-Publication Data
Names: Davies, Monika, author.
Title: Curiosidad por los tiburones peregrinos / by Monika Davies.
Other titles: Curious about basking sharks. Spanish
Description: Mankato, MN : Amicus Learning, an imprint of Amicus, [2026] | Series: Curiosidad por los tiburones | Translation of: Curious about basking sharks. | Audience: Ages 6–9 | Audience: Grades 2–3 | Summary: "Why do basking sharks swim with their mouths open? Learn about these giant ocean animals in this Spanish question-and-answer book for elementary-aged readers. Translated into North American Spanish. Includes infographics, table of contents, glossary, and index"—Provided by publisher.
Identifiers: LCCN 2024052073 (print) | LCCN 2024052074 (ebook) | ISBN 9798892006811 (library binding) | ISBN 9798892007412 (paperback) | ISBN 9798892008013 (ebook)
Subjects: LCSH: Basking shark—Juvenile literature.
Classification: LCC QL638.95.C37 D3818 2026 (print) | LCC QL638.95.C37 (ebook) | DDC 597.3—dc23/eng/20241207

Créditos fotográficos: Alamy Stock Photo/Alex Mustard / 2020VISION / Nature Picture Library, 11, Alex Mustard/Nature Picture Library, 10, Charles Hood, cover, 1, Dan Burton, 2, 6, Wild Wonders of Europe / Sá, 3, 16–17, 20; Blue Planet Archive/ Jonathan Bird, 21; IBSG/Emmett Johnston, 18, Simon Berrow, 19; Minden Pictures/Alex Mustard / 2020VISION, 7, Chris Gomersall, 2, 14, 8; Shutterstock/berkah jaya material, 13, Chase D'animulls, 13, Choksawatdikorn, 13, Martin Prochazkacz, 4–5, wordspotrayal, 9; The Noun Project/Phạm Thanh Lộc, 22, 23, Uswa KDT, 22, visual language, 23; Vecteezy/om1947, 15

Impreso en India

¿Por qué se llaman tiburones peregrinos?

Los tiburones peregrinos pueden vivir hasta 50 años.

En verano, es posible avistar tiburones peregrinos en la superficie del océano. Parece que estuvieran tomando sol o flotando de un lado a otro. ¡De ahí su nombre! Los tiburones peregrinos son gigantes lentos y tranquilos.

Un tiburón peregrino generalmente nada con la boca abierta.

¿Puedo nadar con uno?

¡Sí! Son peces tranquilos. Podrías nadar junto a uno de ellos. Pero déjales espacio. Estos tiburones tienen una piel áspera y rugosa. Los tiburones peregrinos nadan en los océanos Atlántico y Pacífico. También se los puede encontrar en el mar Mediterráneo.

Los tiburones peregrinos son inofensivos para los humanos.

¿Qué tan grande es un tiburón peregrino?

Los tiburones peregrinos también se llaman tiburones elefante debido a su tamaño.

¡Los tiburones peregrinos son el segundo pez más grande del mundo! Solo los tiburones ballena son más largos que ellos. Algunos tiburones peregrinos pueden llegar a medir hasta 36 pies (11 metros) de largo. La mayoría mide entre 23 y 30 pies (7 y 9 metros) de largo.

COMPARACIÓN DE TAMAÑOS

¡Un tiburón peregrino mide más o menos lo mismo que un autobús escolar!

CAPÍTULO DOS 2

¿Cómo comen los tiburones peregrinos?

Las branquiespinas ayudan al tiburón a atrapar pequeños animales en el agua.

Los tiburones peregrinos se alimentan por **filtración**. Comen con la boca bien abierta. La comida y el agua de mar fluyen hacia su boca. Sus **branquiespinas** luego **dividen** los alimentos. Luego, ¡glup!, los tiburones tragan los pequeños animales del océano.

¿SABÍAS QUE...?

Cada hora, un tiburón peregrino filtra unas 2,000 toneladas (1,814 toneladas métricas) de agua de mar. ¡Esto equivale a más de 480,000 galones (1,816,998 litros) de leche!

Los tiburones peregrinos nadan con la boca abierta para poder atrapar más comida.

¿Qué comen los tiburones peregrinos?

La mayoría de las veces comen plancton. Son pequeñas plantas y animales que viven en el mar. ¡Los tiburones peregrinos deben comer millones de plancton cada día para vivir! Los tiburones también comen **larvas** y huevos de peces.

Los tiburones peregrinos se alimentan principalmente de animales diminutos llamados plancton.

¿SABÍAS QUE...?

¡El plancton suele ser del tamaño de un clip de papel o de una moneda de 25 centavos!

Los tiburones peregrinos a menudo se pueden ver justo debajo de la superficie del agua.

¿Los tiburones peregrinos permanecen en un lugar?

No, los tiburones peregrinos son **migratorios**. Se mueven de un mar a otro. Se desplazan en busca de plancton. Los tiburones se quedan en el norte en verano. Se desplazan al sur en invierno.

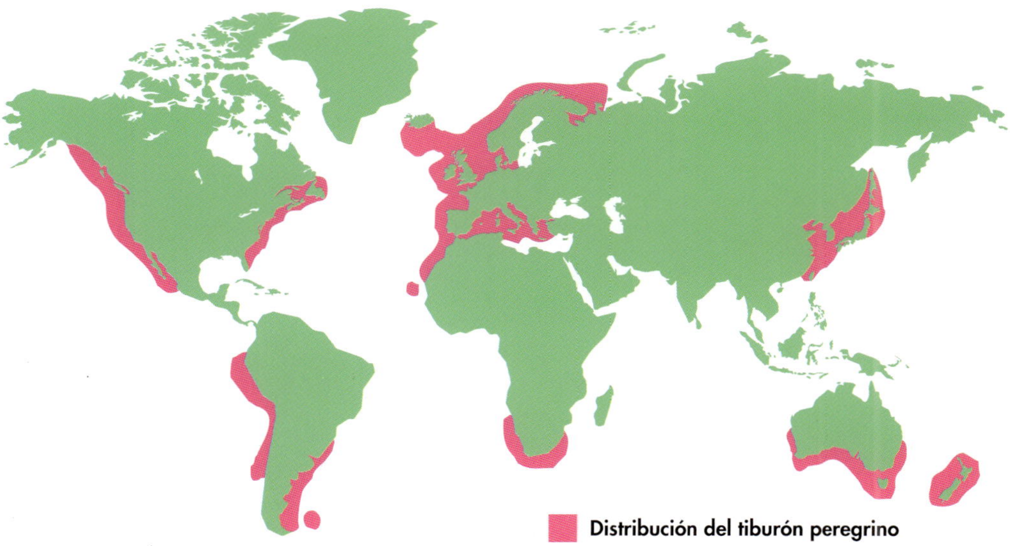

¿Cómo nacen las crías de tiburón peregrino?

¡La respuesta es un misterio! Las crías de tiburón peregrino crecen dentro de huevos. Estos huevos están dentro de la madre tiburón. Pero los tiburones **rompen el cascarón** en el vientre de la madre. Luego las crías nacen vivas.

¿SABÍAS QUE...?

Una cría de tiburón peregrino podría tardar más de tres años en crecer dentro de su madre.

Los tiburones peregrinos jóvenes son abandonados después de nacer. Deben buscar comida solos.

¿Los tiburones peregrinos nadan juntos?

Los tiburones peregrinos son criaturas sociales.

¡A veces! Los tiburones peregrinos suelen nadar solos. Pero también nadan en parejas. A veces se desplazan en familia. Incluso podrías ver un grupo grande nadando junto durante la temporada de apareamiento.

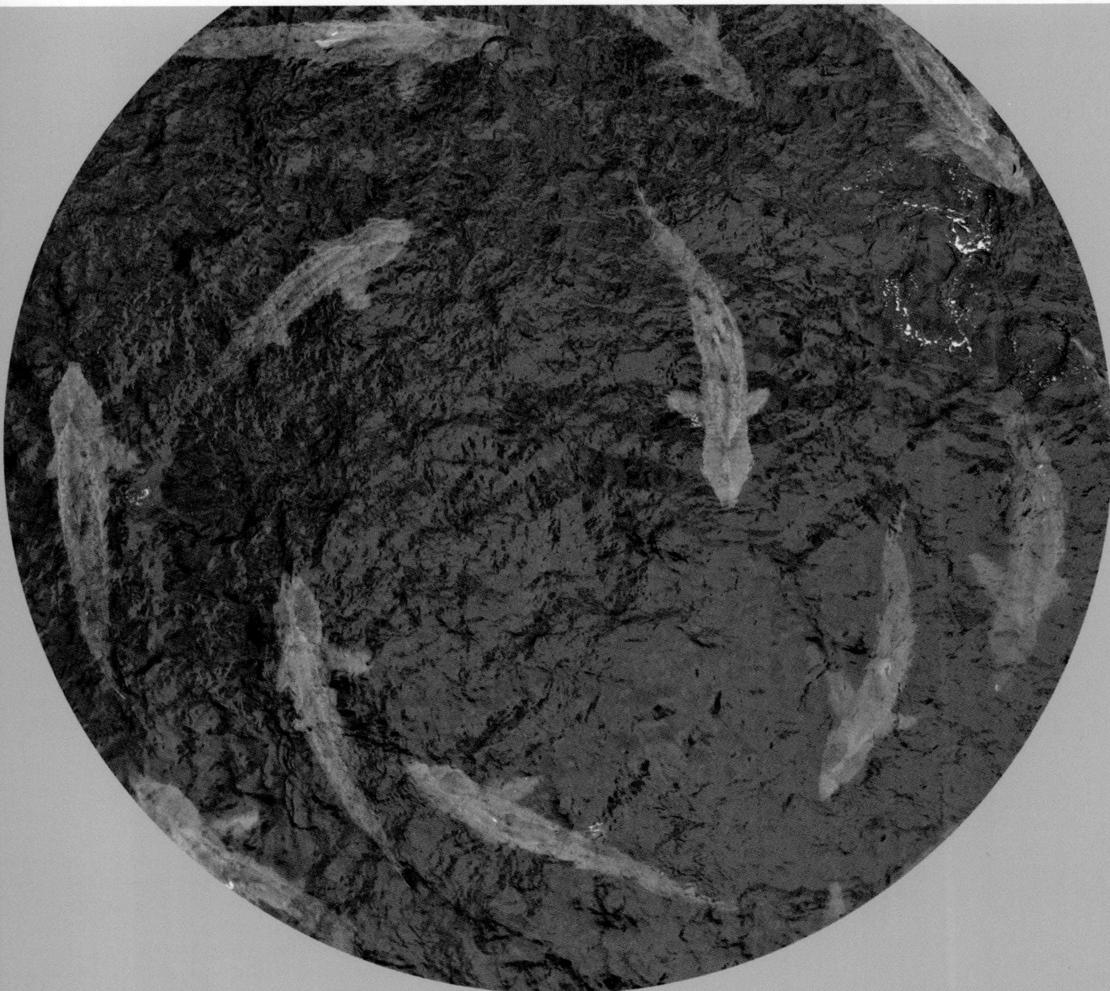

Durante la temporada de apareamiento, los tiburones peregrinos nadan en grandes círculos. Los científicos no saben muy bien por qué.

¿Los tiburones peregrinos están en peligro de extinción?

Los tiburones peregrinos son cazados por su carne y sus aletas.

Sí. El número de tiburones peregrinos es bajo. Los tiburones peregrinos son criaturas lentas y mansas. Por eso son más fáciles de capturar. Los humanos los cazan a veces. Ahora hay leyes que prohíben cazar o capturar tiburones peregrinos. Estas leyes los mantienen a salvo.

Los tiburones peregrinos nadan a unas 2.3 millas (3.7 kilómetros) por hora.

¡MANTÉN TU CURIOSIDAD!

HAZ MÁS PREGUNTAS

¿Cuál es el mejor lugar para ver tiburones peregrinos?

¿Los tiburones peregrinos tienen otros nombres?

Prueba con una PREGUNTA GRANDE: ¿Cómo pueden los humanos cuidar a los tiburones peregrinos?

BUSCA LAS RESPUESTAS

Busca en el catálogo de la biblioteca o en Internet.
Pueden ayudarte tus padres, un bibliotecario o un maestro.

Usar palabras clave
Busca la lupa.

Las palabras clave son las palabras más importantes de tu pregunta.

?

Si quieres saber sobre:

- dónde encontrar tiburones peregrinos, escribe: UBICACIONES DE TIBURONES PEREGRINOS
- otros nombres para los tiburones peregrinos, escribe: NOMBRES DE LOS TIBURONES PEREGRINOS

GLOSARIO

branquiespinas Partes delgadas y óseas del cuerpo que atrapan alimentos diminutos, como el plancton.

dividir Separar algo en dos o más partes.

filtración Un proceso que se utiliza para eliminar algo de un líquido, como el agua de mar, que pasa a través de un filtro.

larva La forma de un animal que parece gusano y que sale de un huevo.

migrar Moverse de un lugar a otro.

romper el cascarón Nacer al salir de un huevo.

ÍNDICE

Acerca de la autora

Monika Davies es una autora canadiense que ha escrito más de 60 libros para lectores jóvenes. Cree que los tiburones son fascinantes, ¡y espera que tú estés de acuerdo con ella! Cuando Monika no está escribiendo, la puedes encontrar paseando por la orilla del mar, leyendo libros demasiado rápido o intentando mantener con vida sus siete plantas.